울음강에 희망의 돛을 올리고

이향임 연작시집

언어로 수를 놓다

모던포엠
MODERN POEMS

시인의 말

시는 낯익은 세계에서 낯선 세계를 발견한다고 한다. 그런데 낯선 세계가 왜 그리 장미꽃으로 보이는가.

사물에 부딪힐 때마다 장미의 향기는 내 마음 감동시켜 손에 잡힌 붓을 들고 낯선 세계 그리고 또 그려 본다.

그런데도 내 마음의 그림은 내가 보아도, 장난삼아 그린 그림으로 보여 애타는 마음 가득하다. 하지만, 내 손에 든 붓은 쉬지 않고 그림 그리려고 몸부림치고 있으니…….

어쩌면 세월의 이끼가 너무 두터웠나 봅니다. 두 손 놓고 동경만 하던 시간이 참 길었습니다. 뒤늦게 사는 것에 대한 집착에서 벗어나고파 어딘가에 나를 묻어두기로 했던 것입니다.

독서와 시와 자연은 제게 너무나 소중한 축복이었습니다. 그러나 언제나 한구석이 시리고 허전했던 것은 문학에 닿지 못한 스스로의 부족함 때문이었습니다.

이 허허로운 삶에서 문학은 제게 최고의 가치이며 희망입니다.

“시인(詩人)의 과제는 참으로 무겁고 싱싱하다! 그 모든 것을 파괴로부터 구해내고 죽어야만 하는 사람에게 영생을 부여한다.”라는 루카누스가 한 이 명언을 생각하며 늦게나마 이 갈증을 [울음의 강에 희망의 돛을 올리고] 졸시집으로 풀어가는 과정을 격려해 주신 지인들과 모던포엠 전형철 발행인께 감사의 말씀 전하며 시인의 바른길을 걸으려 다짐합니다.

2013년 3월 5일

저자 이향임 삼가

노을 구름에 한 뜸 한 뜸 새겨가면

언어로 수를 놓다-1

찔리지 않아야 하리
뼈아픈 바느질에도
쇠가죽 철가슴에도 부러지지 않아야 하리

이 얼룩진 삶의 실타래 풀어
한 땀 한 땀 새겨가는 나날

눈서리 덮여 오는 이 삶의 옷자락
한 땀 한 땀 새겨갈 때마다 스며드는 땀방울
방울 방울마다 눈물로 얼룩얼룩 수 놓아라

갈팡질팡 비틀거리고
뒤척여가는 이 바늘자국의 생

가면
가면
언제랴

석양 수평선 위에 엉버티고 서서
노을구름에 한 뜸 한 뜸
이 핏빛 가슴
환한 해덩어리로 새겨놓는 날

세월 줄기에 주렁주렁 포도알마냥 웅성여라
언어로 수를 놓다-2

내 웅크린 책상에서
방바닥으로 뻗어나가는 삶의 줄기들

잔가지를 뻗으며 방바닥을 넘어 현관으로 뻗어나가
대문을 지나 골목으로 뻗어가라
큰길로 빌딩으로 전철로 스며들며
뻗어나가는 내 삶의 잔뿌리들

세월의 줄기에 주렁주렁 포도알마냥 맺혀
웅송거리는 생의 언어들이여

저 시간 위에 새겨가는 내 삶의 잔뿌리들
얼마나 세월에 낡아가고 말라비틀어져 잘려나갔으랴
나갔으랴만
돌아보면 저리도 가뭇없이 늘어뜨려졌어라

이 순간 순간에도
마디마디 잔뿌리를 뻗어나가는
멈출 수 없는 삶의 뿌리들이여

끝내는
낡아가고 잘라져
잘라내야 하리
내 스스로마저

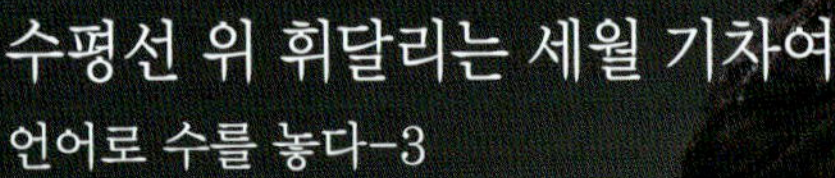

수평선 위 휘달리는 세월 기차여

언어로 수를 놓다-3

석류알 웅송이는 빠알간 석양
흘러내리는 노을 핏물
바다에는 핏빛 물들어라

핏빛 고요의 바다 수평선으로
미끄러지듯 달리는
저 보랏빛 기차를 보아라

스치는 창문 칸칸 마다 스치듯 앉아 있는
내 유년의 아이
청춘의 골목길 서성이던 내 스물여덟 살
뒤척이는 발길, 눈빛들

아!
얼마나 초조히 휘달려 왔던가
이 가쁜 생

언제나
노을 수평선 저만치
면 과거 속으로만 휘달려 가는 삶

언뜻언뜻 머언 손 흔드는
아린 얼굴들이여

물의 말 물의 마음

언어로 수를 놓다-4

알랴
저리 겹겹 내려오는 수천 눈송이들
한때는 하늘로 오르는 내 하얀 슬픔이었음을

땅 우에
떠돌아 떠돌아
하얗게 멍들고 야위어
아련아련 하늘로 오르는 내 말들이었음을

알랴
소리없이 내려와
온 땅을 덮고도
녹아 지며 눈물로 눈물로 스미어

그대 앞 뜨락에
그대 가는 발길에 샘물로 솟아나 흘러도

알랴
그대는 이 끊일 수 없는 물의 마음을 알랴

구치소 담벼락에는 달빛 쏟아져라

언어로 수를 놓다-5

성동구치소
가파른 담벼락에도 낙엽은 내려라

생의 가파른 담벼락에 부딪어
깨지고 금가고 흩날려진 삶들 보듬은 저 구치소 담벼락

담벼락 미끄러져 내려
구치소 길바닥에 휘뒹구르는 이파리마다
기인 한여름 내내
얼마나 쓰라린 사연, 눈물들, 핏빛 말들 얼룩졌으랴

새순 돋아내는 거름이 되리라
차디찬 바람에 부지런히 뒹구르는 낙엽들

제 잎 다 떨구고
가지만으로 한겨울 버텨내는 저 생명나무들
구치소 담벼락 안에
꽃봉오리마냥 웅크려 새 삶의 더듬이를 뒤척이는
푸른 사람들

휘영청
보름달
구치소 담벼락에는 달빛 쏟아져라

울음강에
희망의 돛을 올리고

이향임 연작시집

언어로 수를 놓다.

| 차례 |

이향임 연작시집

언어로 수를 놓다

빛슬픔은 가슴에 나려라

언어로 수를 놓다-6

하얀 하얀
나려오는 눈발이라 하랴

고요의 벌판에 누으면
내 가슴에 내려와 덮여오는 저 머언

빛살 빛살
나려와 만져오는 햇빛살이라 하랴

가뭇없이
이 빈 가슴 가만가만 만져오네

가슴 안에서는
살갗 밖으로 번져나오는 검푸른
겹겹 가슴을 덮으며
허리로 목으로 다리로 팔로 번져가는

온몸 검푸른 절망을
고요히 만져오는
저 하얀 하얀 머언 손길
나려오는 눈발이라 하랴
천년 휘달려와 내 가슴에 부서지는 햇빛살
어느 빛슬픈 가슴이라 하랴

바람길 바람의 뒷모습
언어로 수를 놓다-7

바람의 뼈를 보았는가

바람의 집
바람의 손
바람의 가슴
바람의 그 깊고 투명한 눈을 보았는가

붙잡지 마라

흔들 이파리 하나
이파리 하나 흔들려주지 않는 사막 벌판
흔적없는 바람이라 한들

한바탕 휘몰아쳐
흙바람 흙구름 분탕질쳐 휘돌아 오르는
사나운 바람이라 한들

하릴없이 무너지는
허망의 몸짓
허무의 뼈 시리게 스며 오는
바람의 뒷모습

바람의 뒷모습이
야윈 허깨비로 흔들려가는 내 삶이라 한들

잃어버린 까만 전설
언어로 수를 놓다–8

몸을 눕히면
파르르 흔들리다
방바닥으로 가라앉는 머리칼들

가슴을 향해서 더듬어 오르는 머리칼들은
가슴 속으로 갈비뼈 사이로 파 들며
실핏줄로 무늬 진다

어느 잃어버린 전설을
내 가슴에 온몸에 실핏줄로 저리도 세세히 새겨넣는 건가

몸 안 깊숙이 가라앉았던 까만 전설들이
아 아 아 아–
입을 벌리며 비명을 지른다

온몸 진동으로 흔들려라

창문 밖 어른거리는 내 유년의 눈동자는
내내 가만 들여다보기만 한다

저 해의 눈 부심인들 당신이 주신 사랑 아닌가요
언어로 수를 놓다-9

검은 속으로 스러지는
아름슬픈 노을이여
황홀의 노래여

눈물을 참아낼 수는 있으리
그대 황금의 눈부심은
내 가슴에 늘 새벽 향기로 피어오르나니

그대 손길 내 어깨에 머물러 감싸던 노을의 언덕
그 풀꽃들은 시들어가도
내 가슴에서는
새싹 돋우며 꽃봉오리 틔워내니

노을도 한 어둠 지나면
새벽빛을 낳고 타올라라
번뇌도 슬픔도 다 태워버리고 훨훨
황홀한 빛살로 타오르나니
저 해의 눈 부심인들 당신이 주신 사랑 아닌가요

베푼다는 마음도 없이 베푸는
저 해의 마음으로
베풀고 베풀다
흙으로 바람으로 구름으로 흩날리고 뒹굴어도
언제나 당신 품 아닌가요

허공에 제 집 버려두고
언어로 수를 놓다-10

정처도
꿈도 없이

가면
가면

지평선

또 가면
가면
찰랑이는 물결 머얼리 수평선

위로
흰구름 한 조각 머물다
스나브로 스러지면

한 아름 빈 허공

돌아보면
허공에 제 집 하나 마저 버려두고
지상에서 뒤척이며 떠도는 생이여

내 갈비뼈 틈새로 날름거리는 뱀딸기야
언어로 수를 놓다-11

빨알간 빠알간

탱자나무 울타리 아래
어쩜 저리 빨겔까

빨게서 저절로 손이 가서 따먹어라

'향임이는 향임이는
뱀딸기 먹었다네
뱀만 먹는 뱀딸기 먹었다네'

저녁노을이 지도록 놀리는 동네 아이들

그날 밤
배 안에서는 뱀딸기 알알이 알을 깨고 나오는 작은 뱀들
뱃속에서 우글거리고
뱀 엄마 아빠들이 새끼 찾아 방바닥으로
배 위로 스멀스멀 기어올라와

'엄마아 엄마아'
놀라 잠에 깨어 앙앙거리면
꼭 품어 안아주며 다독여주던 어머니, 어머니

어머니도
동네 순미년도 봉지년도 상근이도
지금은 보이지 않아

함초롬히 홀로 얌전한
뱀딸기

너에게
언어로 수를 놓다-12

너는 벌써 오래전에
내가 알았던 사람으로,
이미 이 세상에 있지도 않은데
내 가슴에 젖어들기로는
몇 해 전에 만나서
지금까지 관계 이어오는
뭇 사람들보다
더 뚜렷하고 가깝고 그리우니

눈에서 멀어지면
마음에서도 멀어진다는 말은
정을 나눠 가지지 못한 사람들의
변명은 아니었을까
사람 간의 정이란
만나 온 횟수로 드는 게
아닌듯하다

오랜만에 볕들어
아늑한 기운 도는
창가에 앉았다가
담장 너머 앞집 화단에
햇살 부서지는 사철나무
물끄러미 바라보다

문득 네 웃던 모습
그 위에 내려앉기에 몇 자 적는다

봄, 가뭇없이 지는 그리움이
목련의 가지 끝에 애환으로 부유하면
쓸쓸함에 몸져눕는 바람의 슬픈 침묵

외길 모퉁이 설움으로 떠도는 그림자
발치께 지는 화려한 눈물로
슬픔의 깃을 올려 비약을 잉태하면

훗날 잊혀질 그대의
기억이 되고 싶질 않아
고뇌의 상념으로 아파한다

슬픔이 슬픔으로 남지 않고
긴 죽음의 그늘로 나를 이끌면
사랑은 그저 아픔, 고통, 그리고
몹쓸 기억의 저편에서 상쇄되어
어둠 안으로 죽어가는 것인가 보다

마음 안에 씨방
언어로 수를 놓다-13

그래요
내 마음 안에는 씨방이 있어요

홀로의 방안에서
고요의 등불 밝히면
씨알마다 씨알마다 새싹이 돋아나요

보라 빨강 흰색 노오랑 분홍
저마다 빛깔로 꽃봉오리로 피어오르며
꽃잎을 틔워내며
가슴 안 가득히 만발하는 거예요

아하!

그래요
마음 깊은데 피어나는 꽃들은
내 마음 씀씀이
그 빛깔 따라 피어나는 거예요

오늘도
그윽이 향내음 놓는 꽃봉오리 틔우려
햇살 부신 삶의 들판으로 나가는 거예요

한 생, 장 담아 보니
언어로 수를 놓다-14

저 까마득한 우주인들
큰 장독 아니랴

빅뱅이 나고
137억 년 동안
깜깜한 장독에 담가놓으면
저리 은하 만별로 새끼를 치고

저리 햇빛살 뿌리는 해도 낳고
저리 그윽한 달도 낳고
이리 중생들 뒤척이는 지구도 낳는가

이 한 생
푸욱 한 백 년 담가내면
또 무엇으로 저리 반짝일까

향기로 꽃물들이겠어요
언어로 수를 놓다-15

마음 안에 평안 깃들면
얼굴에는 햇빛살 반짝여요

마음 안에 사랑 깃들면
얼굴에는 그윽한 미소 번져요

마음 안에 그대 품어 안으면
나의 눈에는 영원의 별이 깃들어요

아,
평안이여 사랑이여 그대여

내 안에
늘
햇빛살로
미소로
영원의 별로 깃들기만을

향기로운 꽃물로 세상 수놓을 수 있기만을

세월강 기슭에 무릎 꿇고 밤 내내 빌어라
언어로 수를 놓다-16

흔들리지 않으리라
삶의 뿌리 흔들어대는
저 병마

할 수 없어
이제는 할 수 없어
어쩔 수 없어 어쩔 수 없는 거야
꽃봉오리 시들어가면 서럽다 서럽다 해도
바람은 흩날려 떨구나니

뒤척이며 메말라가는 몸
무너져내리는 마음
흔들리지 않으리라
마음 신전에 빛등불 켜고 두 손 모으나니

'이 몸 이 마음으로
차라리 당신의 고통, 병을 대신할 수 있기만을

우리 야위어진 마음들 서로 끌어안고
새벽 빛살 눈부신 벌판으로 뛸 수 있기만을'

빌고 빌어라
세월강 기슭에 무릎 꿇고 밤 내내 빌어라

울음강엔 희망 돛 띄워라

언어로 수를 놓다-17

눈물도 깊어지면 강물이어라

그대여

울음강
눈물강에
햇빛살 반짝이면

우리 가리라
알알이 새벽이슬
새벽 햇빛살 가득 품은 돛배 띄우리라

늪은 속삭여라
언어로 수를 놓다-18

노을 빛살 저물어가면
수면위로 아련아련 피어오르는 안개
늪의 잔가지들, 수풀들 나무들까지 모두 품어 안아
작은 새들도 고요로 잠들면

그때야 늪의 말을 들어라
늪의 속삭임을

두런 넋이 나간 소리들
시퍼렇게 번득이는 가슴에 돋는 칼날들
무너지는 마음 담금질하는 소리
제 몸 끌어안고 뒹구르며 훌쩍이는 소리

아!

아련아련 물안개로도 차마 가리지 못한
사연들이
스멀스멀 피어올라
달빛 달무리로 휘돌면

우우우우우우우

머언 산엔 짐승의 울부짖는 소리

누굴 향한 꽃등불인지 말 안 해줘도 알아요
언어로 수를 놓다-19

사람들은
들꽃일 뿐이라고 스쳐갔지만

당신은
달빛 아래서
더 향기나는 고요한 순결의 꽃이라고 말해줬어요

아세요?
당신이 가슴에 껴안은 바구니에는
하얀 순결이 듬뿍듬뿍 담겨 있어요

들바람이 말해줬어요.
당신 가슴에는 언제나 꽃등불이 피어오르고 있다고

누굴 향한 꽃등불인지
말 안 해줘도 알아요

저 빈 하늘처럼
땅처럼 늘 항상
그대 가슴 안에 타오르나니

어딜 가든
발길 닿는 어디든
당신 가슴 바구니에는 하얀 순결이 피어오르고 있어요

흐흥,
너무 좋아 마냥 미소만 짓지 마세요
그러다 심술쟁이 바람한테
바보소리 듣겠어요

속을 열고 보면 무엇이 보일까.
언어로 수를 놓다-20

저 수평선 위
빈 하늘 허공으로만 걸어가는
여인을 보아라

유리빌딩 숲 속 창유리에 겹겹 비쳐드는
저 스모키 화장의 여인

모델이랴
큐레이터랴
복부인이랴
마네킹이랴

한낮 내내 입가엔 늘 미소로만 머무르다

노을녘이면
수평선 위 빈 하늘 허공에 다다르는
저 여인의 뒷모습을 보아라

가슴에는
무엇이 사무쳐 묻혀 있길래
저리 노을 슬픈 빛살에
저 홀로 눈물로만 반짝이는가

허공엔 쉴 의자도 없으니
언어로 수를 놓다-21

깃털이라도 달아줘야지
이 허공의 삶

뭉게뭉게 피어올라
허공에 지는 집
뜬구름이어라

흩어지고 무너져내리는 몸
뒤척이는 마음
안타깝게 초조히 붙들어라

허공에는 쉴 의자도 없으니

깃털이라도 달아줘야지
이 허공에 그리움 줄 하나 늘어뜨리고
흔들려 가는
생이여

중년 되니 귀만 바빠져라
언어로 수를 놓다-22

"찬밥 신세여
사골국 찜통에 가뜩 끓여 놔 봐라
푹 삶아서
아이고 너무 퍼져서"

세월에 푹 고아지고 삶아져서
너무 퍼져서

그래
그래서
훌쩍 들이마시면 뼈에도 좋고 몸에도 좋은 것 아니냐

허허
중년 되니 귀만 바빠져서
이 소리 저 소리 모두
나를 두고 궁시렁거리는 말로 아리아리 아라리 들려와

싱그러움도
꿈도 너무 푹 고아 풀어져 버렸는가
저리 하얗게 고와진
저리 모난 데 없이
저리 뼈마저 흐물흐물 해진
이 푹 고아진 중년이여

어쩌라고!

시냇물은 없다
언어로 수를 놓다-23

뭐래도 뭐래도
조성리에는 우리 한실마을

한실마을에는
마을 휘감고 돌아가는 냇물이 최곤기라

어이 더워
후다닥 책 보자기 맨 채
물장구쳐라

친구놈 책보자기 물에 빠뜨려서
엄니한티 죽도록 맞던
뚝뚝 눈물방울도 섞여 한 물로 흐르던

호호호
땡빛에 까맣게 타도록 물장구치다
까매진 밤에도 살포시 몸 담그고
달 텔레비전 모니터에 구름 흘러가는 모양
순돌이랑 종윤이랑 순미랑 민아 용민 종승 금숙 선희 승용
꾀 홀딱 벗고
넋 놓고 바라보던
찰랑찰랑 우리들 감싸주던

그러나 지금은
저리 무시무시한 아가리로 벌려진 큰 강
메마른 강이 되어

텅 빈 동네를 낮이나 밤이나
시퍼렇게 응시하고 있다

사랑도 계절로 피고 지는구나
언어로 수를 놓다-24

보이지 않는다고 피고지지 않으랴

사랑도 세상의 일이라
갈 봄 여름 피고 지면
겨울은 또 덩달아 가을 따라 눈 내려라

붙든다고
매달린다고
가지 않으랴만

햇빛살 눈부신 봄
산 산에 불붙는 봄이면
가뭇없이 달뜨는

그냥 솟구쳐 피어오르는 이 마음 새싹

아!
사월이 오면 어쩌랴
그 황홀한 슬픔을

이 인연줄 어이하리요
언어로 수를 놓다-25

이 인연줄 어이하리요

한 세상 나풀나풀 눈송이로 내려와 녹아지는 목숨이라지만
서로에게 그리움으로 배여 들고
아릿함으로 섞여들어
엉클어지고 겹쳐진 이 몸 이 마음
한 불길로 타올라라

놓지 말자
꼭 안은 팔 품은 가슴 떨어지지 말자

삶의 굽이굽이 강물 떠밀리고 소용돌이쳐 휘달려가도
더 꼭 붙들고
한 몸 한마음 일 수 있기만을

허물어져 내릴까
허물어지면 어쩌나
굽이굽이 가는 강물이래도
떠밀리고 소용돌이치는 물길 인생길이래도

소용돌이치다 산산이 부서지는 파도래도
한 몸 한마음일 수 있기만을

잡초야, 빈 하늘엔들 싹 틔우지 못하랴
언어로 수를 놓다-26

잡초야
너에게도 그리움 있어
저리 억척으로 피어나는 것이리

어쩔 수 없는
제 스스로도 주체할 수 없는 그리움 있어
저리 어디로든 뻗어나가고 싹 틔우는 것이리

끝끝내
참아낼 수는 없기에
돌틈 새, 담벼락에도 콘크리트 틈새에도 피어나는 것이리

함께할 수만 있다면
곁에 있을 수만 있다면
돌 틈인들 담벼락인들 콘크리트 틈새인들
빈 하늘 허공인들
큰 바다에 수평선엔들
싹 틔우지 못하랴

잡초야
니 마음 내 마음이란 걸 알지

세월 나이테에 시계꽃 피어라
언어로 수를 놓다-27

오메
을메나 커버린 세월 나무냐

에라
밑동 툭 베어내니
나이테마다 촘촘히
머언 기억들, 추억들 송진으로 베어나와
서로의 생채기 덮어주고 만져주는구나

나이테 한가운데
가만 들여다보면
강언덕 들꽃들이 보이고
소녀 하나 토끼풀꽃으로
시계 반지 만들어
제 손가락에 끼우고는
먼 수평선 바라보네

소녀가 꿈꾸는 먼 훗날의 모습이
그 미래의 모습이
지금의 나였을까

소녀 마음 들여다보려 하면
짙은 송진내음만 어찔어찔

동백꽃 운명이라 운명이라 해도
언어로 수를 놓다-28

봄 여름 가을 겨울
꽃봉오리 피고 져 비 눈 내려라

저리도 절로절로 변하는 이 세상

다 변한다
변한다
놓아라 놓아라 다 놓아라

어찌해야 하나요
이 꽃숭어리 붉은 꽃숭어리 빨갛게 피어올라

떨어져도 시들 줄 몰라
저리 빨갛게 빨갛게 꽃잎은 타올라라

만지면
와락 붉은 슬픔 토해내랴
눈물강으로 흐르랴

흰 달밤에는 더 붉어라

삶이 정녕 연극이라면
언어로 수를 놓다-29

한판 휘돌아 피어오르다
막 내리면 사라져가야 하는 연극이라면

살포시 미소 지어요
마음강 가슴에서 가슴으로 흘러
하나로 한덩어리로 어울렁 더울렁

3막에서 퇴장하는 인물도 보았어요
엑스트라도 있고
화려한 스타도 있지요

가슴 조려 하얀 밤으로
무대 천정만 바라보던 날도
웅크려 속울음 울던 날도 있었지요
그런 세월이 무대 위로 한차례 밀려오고 휩쓸려나간 자리

텅 빈 무대에 홀로 서 있으니
세월도 사람들도
내 안에 마음도 모두
무대에 한순간 등장했다 사라지는 손님이었어요

나라는 이 몸, 이 마음 울타리도
결국 나의 손님이 아니겠어요

꽃잎 웃음소리 들려와
언어로 수를 놓다-30

어마
저 빈 들판을 보아요

풀 한 포기 없는 황토흙 빈 들판 한가운데

아장아장 흙더미 속에서
걸어 나오는 꽃봉오리

나지막한 키에
작고 수수한 얼굴로
쪽빛 하늘을 쳐다보는

어마
저 꽃봉오리 환하게 벌어지며
웃음 터트리는
저 꽃잎들
싱그런 이빨들을 보아요

어디로 가라는 아우성이냐
언어로 수를 놓다-31

어디로 가라는 아우성이냐

석류알 터트리는 빠알간 노을
핏빛 물드는 물결아

저물어 어두워진 마음 끌고
깜깜한 밤 속을 또 어디로 가라는 아우성이냐

지친 날개 퍼덕여
어둠을 더듬어 가는 작은 새야

보이지 않아도
애틋한 울음소리는
빈 하늘로 가슴으로 스며와
그리움의 마음 등불을 켜고 휩싸고 도나니

이 캄캄한 삶의 모퉁이에서 또 어디로 가라는 아우성이냐

꿈길에도 쉬지 않으리
언어로 수를 놓다-32

눈은 나려라
겹겹 나려와
돌아보면 하얀 하얀 가물가물
너무 멀리 와버려

눈은 나려라
한밤 내내
한낮에도 눈은 나려라

걷고 또 걸어도
지나온 발자국 지워라
뉘 따라올 이도 없건만

뉘 기다리는 이도 없건만
멈출 수 없는 발길

눈은 나려라
가도 가도 부질없는 몸짓
흔적없이
미련없이
눈은 내 발자국 지워라

벌어진 시간의 틈새로 나를 보았어
언어로 수를 놓다-33

시간의 틈새를 보셨나요

한 찰나
멈춤도
걸림도 없이
매끄럽게 휘달리는 시간의 질주 속

한 찰나
시간이 균열 속을 들여다
본적이 있나요

그만 웅크려 울기만 하는 시간들도 있다는 걸
겹겹 쌓이는 세월의 마룻장 저 아래
얼굴을 가슴에 파묻고 훌쩍이는

한 아이를 본 적이 있나요

부딪는 와인 잔의 울림은
언어로 수를 놓다-34

쨍
와인잔을 부딪쳐요
이 한 세상 밀려오는 아픔들 슬픔들 울림으로 퍼져
큰 어우름으로 우리 모두 껴안아요

쨍
와인잔을 부딪쳐요
한 울림으로 파문으로 마음 담아낸 붉은 피로
세상에 찌든 때 번뇌 근심들 씻어내려요

쨍
와인잔을 부딪쳐요
우리 함께 한 울림으로 큰 울림으로 퍼져나가며
세상에 벽들 불안들 깨뜨리고 무너뜨려요

쨍
와인잔을 부딪쳐요
힘껏 우리 서로 가슴으로 만나요
몸이 부서지더라도 다시 딛고 일어서서
내일을 함께 꿈꾸어요

함께 가자던 길
언어로 수를 놓다-35

너무
서운해 하지 말게나

세상살이
가다가다 가다 보면
혼자 가야 하는 길도 있나니

그냥
달빛 좋아
달빛 밟고 떠났노라

너무
서운해 하지 말게나

하늘에 닿는 당신의 모습을
언어로 수를 놓다-36

은하수 은한별
저리 뭇별들 촘촘히 살아가는
하늘에 새 주민으로
하늘에 닿는 당신, 당신, 당신이라는

저 빈 하늘에도
저리 그리움줄은 얼기설기 늘어져

당신, 당신의 얼굴, 당신의 눈빛
온 빈 하늘에 촘촘히 채워지는 당신 향한 그리움줄이여

풍경화 속의 물자욱을
언어로 수를 놓다-37

아아!
물감으로 그림을 그리던 아이가 한숨을 짓는다

왜!
아이의 그림을 한참이나 들여다보다 나는 고개를 끄덕인다
'아아, 저 나무 이파리에 물얼룩 때문이구나'

언뜻 봐서는 지나쳐버릴 저 물자욱 번짐

내 마음에는 또 얼마나 많은 물자욱 번져 있으랴

느닷없이
저리 큰 한숨으로 덮쳐오는
지우려 하면 더욱 번지는
마음의 얼룩진 상처의 물자욱

구름아, 뭉게뭉게 피어오르면
언어로 수를 놓다-38

마음인들 저 구름 아니랴

뭉게뭉게 피어올라
휘몰아쳐 휘달려 가다
솟구쳐 올라
눈비로 내려와서는

또 물안개로 뜬구름으로
빈 하늘에 휘달려 가는구나

걸림도 머무름도 없이
흩어지고 모여들어 두둥실 떠 가는 뭉게구름아

마음인들 저 구름 아니랴만

무거워
너무 무거워
지상에 이 기어다니는 뜬구름은
너무 무거워

내가 포르말린 속에 잠겨있는 건가요?
언어로 수를 놓다-39

죽겠어요
참말로 참말로 미쳐버리겠어요
가슴이 부풀어오르고 숨이 막혀와요
마음 안에 등불들이 천 개는 켜지고
들불로 번져가요

새벽 세시가 지났는데도
생각은 너무나 또렷해요
어둠 속에 누워 있어도
먼지 하나 방바닥에 내려앉는 것도 느낄 수 있어요

치명적으로
섬세해진 손끝에는
부드러운 솜털이 닿아도 쭈볏 놀라요

차라리 울어버리고 싶지만
와락 울어버리고 싶지만
울음이 나오지 않아요
내가 포르말린 속에 잠겨있는 건가요?

그리움의 발길은 현충원으로
언어로 수를 놓다-40

가라 한들 가며
오라 한들 오리까

현충원 당신 있는 곳
햇살이 참 많이도 뛰놀고 있네요

햇살들도 발이 있을까요?
당신은, 햇살들 쿵쾅거리는 소리 들리지 않나요?

아이들도 말이 없어요
눈물만 쏟아집니다그려
당신 앞에 고개 숙이고
이리도 눈물 뿌리는 세월이 올 줄이야

정말 떠났구려
정말 떠나버렸어!

눈물강으로 흐른들 당신 돌아 오리랴만
가슴에는 눈물강만 흘러라

‘가요
갑니다 ‘

당신이 부르는 소리에
돌아보고 또 돌아보고

‘가요 정말 갑니다’

가는 발길은
당신 없는 집으로 가고 있으랴만
마음 발길은
당신 품안으로 돌아가고 또 돌아가고

웃어주려고 당신을 기다립니다
언어로 수를 놓다-41

오세요
어서 오세요
난로에 당신 좋아하는 고구마 올려놓았어요
찬바람 외투로 달려온 당신
뜨거운 군고구마 후후 불어 입에 넣어주려고
밤 내내 당신 기다립니다

당신 좋아하는 잔잔한 노래가 흐르고 있어요
살포시 흔들의자에 앉아 눈을 감고
익어가는 군고구마 따스한 내음을 음미합니다

당신의 미소가 떠오르고
시계를 들여다봅니다
한 바늘 한 바늘도 놓치지 않고 세봅니다
당신이 다가오는 발자국을 세봅니다

오세요 어서 오세요
거긴 너무 하얀 너무나 하얀
훌훌 털어버리고 어서어서 일어나 오세요

다 익었어요
혼자 먹으려니 목이 메여요
헤이, 쓴웃음 지으며 껍질 벗기는 나를
먼데서 바라보고 있지만 마세요

오세요 어서어서 당신의 집이 여긴데
내가 여기 있는데

하루가 갔다
언어로 수를 놓다-42

한 찰나
지나보면 한순간

하루가 갔다
어둠이 기어 든다
불빛들이 텅 빈 동공으로
세상을 들여다보다 하나 둘씩 꺼져가고

하루가 밝았다
하루가 갔다
수액이 말라버린 마음

그래도 아직은 움직일 수 있어
팔딱거리는 예쁜 꽃사슴도 잘 살아 주고 있잖아

한 찰나
그대와의 날들도 한 찰나

하루가 갔다
또 하루가 갔다

표백 비누가루 온몸에
언어로 수를 놓다-43

머리에서

발끝까지 하얗게

이 어둔 가슴

하얗게 씻어졌으면

참 좋겠다

세상은 멈추고 회색으로 변해버려
언어로 수를 놓다-44

당신 떠나버린 이 빈방
이 텅 비어 버린 하늘

햇살도 빛을 잃어버려
풀꽃들도 말을 잃어
세상은 이리도 텅 비고 고요하구나

이리 쓸쓸한 것을

한순간
모래바람으로 흩날려 사라져 간들
저 은하수 어느 별 하나
나를 향한 눈물 한 방울 흘려주랴

세월아
언어로 수를 놓다-45

설한풍 에돌아
대지를 가른 자리

천의무봉 저너머
하이얀 눈 나려
슬픔을 덮어 가도

세월아
세월아
이젠 내가 지쳐간다

아직도 그대 목소리
언어로 수를 놓다-46

혼자다

들리지 않는다
보이지 않는다

내 귀는
내 눈은
내 심장을
그대만을 향해 두근거린다

'어디세요
어서 어서 오세요'

혹시 늦을 사연이라도

문자가 왔나

벨 소리가 울릴까

와인잔에 풍덩 빠져버리고 싶은 밤
언어로 수를 놓다-47

달마저
산등성이 너머로 내려간다

흥!

몸부림치는 걸
보기 싫어서겠지

불면은 형벌
형벌의 하얀 밤이여

묘약이라도 있음 먹을 텐데
언어로 수를 놓다-48

불운이 닥친 탓이겠지

다시 삶에 열중할 수가 없다

묘약이라도 있음 먹을 텐데

현실은 너무 혹독하다

나에게 묻는다
언어로 수를 놓다-49

허허
시원시원 웃는다

포장

웃는다

포장을 벗기고
허허 웃는다

속 포장까지 벗기고
쓸쓸히 웃는다

웃는다

다시 포장

세상을 향해서 웃는다 마냥 웃는다

저 국화꽃 마음이 내 마음 아니랴
언어로 수를 놓다-50

물 불 바람 흙
한 인연으로 어우러져 이뤄낸 이 몸 이 마음
다시 흩어져 혹은 물로 불로 바람으로 흙으로 돌아가

또 다른 인연으로 서로 어우러져
돌로 구름으로 풀꽃으로 짐승으로 생겨나리니

저 창문가에
며칠째 집을 비워 시들시들 말라가는 국화꽃인들
이 몸 이 마음과 다르랴

저 활짝 핀 꽃들은
죽기 전에 서둘러 피워버린 꽃이리라

급하게 물을 먹여 주니
꽃들은 고개를 쳐드는구나
야윈 웃음 짓는구나

미안하다
정말 미안하다

빨간 꽃 따다 머리에 꽂고
언어로 수를 놓다-51

부슬부슬 비는 나려라

이상한 정적이
나를 들여다보고 있다

그림자 속으로 묻혀 버리고 싶다

화분에 빨간 꽃 하나 따다가
머리에 꽂는다

거울 앞에 서니
넋 나간 사람이다

좋다

정신줄을 내려놓는 하얀 밤

마지막 여행길은 이리도 화려하여라
언어로 수를 놓다-53

돌아오지 않을 여행길
꽃단장하고 동작동
국립묘지로 가는 어느 여름날

사랑하는 온 가족들과 친지 친구들 모두
임을 잘 보내드리기 위해
한데 모였습니다

모든 절차가 군인들에게 위임되었습니다.
아직 식지 않는 임의 몸 가루도
아들 품에서 제복 입은 군인에게로 옮겨졌습니다

가까운 가족만 들어와 보게 하여
애무하듯
날아갈세라
정성껏 붓으로 쓸어담아
임이 편히 쉴 곳에 모셨습니다.

대포 소리가 터지면서 식이 거행되었습니다
마지막 여행길이
이리도 화려할 줄 몰랐습니다.

임이여 편히 쉬소서

안개 속에서
언어로 수를 놓다-55

하얗다
온 사방 하얀 커튼을 내렸다

'그래
가만 그대로 있어 봐
네 숨소리를 들어 봐'

여유를 가져 보라고 신께서 주신 선물이려니
조급하게 동동거려 살았던 나날들이여

'안개야
네 하얀 가뭇없이 이리도 다감하구나'

한 움큼 향기를 품고 오세요
언어로 수를 놓다-56

어느 은하수 은한별이랴
하늘에 별빛은 당신의 수천 눈망울

저는 잘 살고 있어요
당신도 이제 고통의 몸일랑 버리고
훨훨 하늘로 올랐으니
흰옷에 황금 날개 달고
환한 꽃망울 터트려 활짝 피우세요

어쩌면 살짝이 찾아와서
가슴에 한 움큼 향기도 내려놓아 줘요

끊일 수 없는 내 그리움의 목마름줄
적셔주세요

정처도 없이 나는 가네
언어로 수를 놓다-57

바람의 연주를 들려다오

훨훨 훠어이 훨훨

그물망 올가미 안에 갇혀온 한 생

이제는 훨훨
머무름도 걸림도 없어라

훠어이 훨훨

발길 닿는 어디든 고향 아니랴

미안해 아주 많이
언어로 수를 놓다-58

가버렸구나

밤 내내 불 밝혀 기다려준 당신
어디로 간 거야
집에 들어오니 불이 다 꺼져 있잖아
당신은 없고

의자에도
전화기에도
책상에도
리모컨에도
당신의 보이지 않는 손길만 남아
너무 힘들어

미안해 아주 많이
지금 생각하면
참 많이 당신을 외롭게 했나 봐.
나 미워 떠난 거지?

천년만년 살 줄 알았는데

삶과 죽음 사이에
언어로 수를 놓다-59

원망

겹겹 원망의 울타리 처진 이 마음
캄캄한 어둠 속에 갇혀
웅크리고 웅크린 나날

마음은 까만 숯덩이
빛마저 빨아들여
삼켜버리는
블랙홀

아,
사랑은 있는 건가요!

두 번은 싫어요
언어로 수를 놓다-60

땡빛
모래알 휘몰아치는 이 사막 벌판
붉은 삶의 수레바퀴 굴리어
굴리며
엉버티고 있어요

왜냐고 묻지 마세요

울컥
저 은하수 은한별까지
와락
쏟아버리고 말 거예요

이향임

연작시집

간병일기

이향임

연작시집

간병일기. 1
언어로 수를 놓다-61

5월 3일
요양병원에서 곧바로
고속버스터미널 옆
강남 성모 병원에 입원

금식과 각각 다른 검사
일주일 동안 지속
환자를 더 죽인은 일

남편과 가족 모두
지켜보며
따라갈 수밖에 없는
상황 결과는 불 보듯 뻔하다

당장 복수에 물 빼는 수술
오른쪽 왼쪽 호수 연결만 4개 링거 5개 달고
몸 하나에 줄이 얽히고설켜 있으니 얼마나 괴로울까
잘 참고 견디고 있는 모습이 아프다

남편은 살고자 한 의지가
누구보다 남다르게 강하다
그런데 준비하라는
말을. 차마 전할 수가 없다
가슴이 콱콱 막힌다
이 상황을 어찌해야 하나

치료받으면 꼭 나아서
집으로 돌아갈 거라는
절박한 남편의 희망적인
기대 잠재울 수 없어
목이 멘다

간병일기. 2
언어로 수를 놓다-62

오늘부터 식사해도 된다는
의사의 지시가 떨어졌다
식사가 나오자 수저를 든
남편은 상기 되어 있는 표정이다
식사할 수 있는 것만도
큰 위안이 되나 보다
수저 들어 몇 숟가락 뜨고
나머지 밥을 나더러 먹으란다
난 아무 말 없이 먹었다.

이 밥은 평생에 잊을 수 없는
당신의 눈물을 삼킨 거요
이렇게 해서라도 편하게
해 주고 싶은 내 맘인 것을

여보 정말 미안해

늦었지만
이 말을 꼭 하고 싶었어
모두 내 잘못 같아
한숨만 터져 나온다
되돌릴 수 없는 현실이
한심하고 허망하여
병상에서 눈물 훔친다

간병일기. 3
언어로 수를 놓다-63

의사 선생님 병실에 오셔서
남편을 한참 바라보다
보호자인 날 잠깐 밖에서 보자신다
심상치 않음을 직감하고 무슨 말을 하는지
선생님을 바라보고 있었다

저~저 ~가까운 가족한테 연락해서
만나뵙게 해주세요
얼마 남지 않았습니다
짐작은 했지만
가슴이 철렁 내려앉았다

친척들이 모이기 시작
뼈에 가죽만 입혀놓은 듯 너무나 처참한 모습
모두 말을 잇지 못하고 바라보다
안타까워서 울고 또 울고
옆에 있기가 참 괴롭다

죄인이 되어 버린 내 모습도 왜 이리
처량할까
서럽다
누가 알았겠는가
이런 고통이 아픔이 있을 줄

간병일기. 4
언어로 수를 놓다-64

살고자 하는 의욕
하늘을 찌르고도 남겠다

검어진 손 놓을 수 없어
애달아 덜컹 되는 속
얼마나 아플까

나 이렇게 된 것이 당신 때문이라고
원망하고 미워하고 나도 맘이 아프다

보고 있노라면 안타깝고 할 말도 못하고
그냥 모두가 내 잘못이라는 생각만 든다

이 상황에서 무슨 말을 할 수 있겠어
미안하다는 말 밖에는 할 말이 없네

있는 정 미운 정 중 모두 거두어 가지 말고
하나만이라도 남겨 두면 좋겠어.

간병일기. 5
언어로 수를 놓다-65

비가 온다.
온종일 유리창으로 흐르는
빗줄기는 남편의 가슴에서
쏟아낸 눈물인가

온몸으로 부딪치는 아픔
살갗 마디마디를 핥고 삼킨다
진통제 없이는 살 수 없는
순간순간들

이제 견딜 의지조차 보이질 않는다.

가면 갈수록 무서운 생각
어두운 바람만 잉잉 울어댄다

삶과 죽음의 경계선

간병일기. 6
언어로 수를 놓다-66

아침부터 비는 왜 이렇게나
쏟아지는지 병동유리창에
흐르는 빗줄기는 환자들의
마음마저 우울하게 하나보다

창을 바라보며
소리없이 눈물을 훔친다.
무슨 생각을 했을까.
여러 가지 찹찹한 마음이 밀려오나 보다
대쪽 같은 강한 성품도 병 앞에서는
어쩔 도리 없이 무너진 모습이 내 눈에 비친다

이럴 땐 무슨 말을 해 줄까
위안이 댈만한 것이 아무것도 없다
육체의 아픔보다 동안의 삶을 생각하면
너무 억울할 거야 고생만 하고
살다가 살만 한 때 병을 얻어
죽을 날을 기다리고 있으니
이런 개떡같은 경우가 어디 있냐고

왜. 왜. 왜.
우리에게 이런 말도 안 된
일이 생겨서 아프게 하는 걸까.

간병일기. 7
언어로 수를 놓다-67

담당 의사 선생님께서 조용히 부르며
한숨을 쉬더니 우리가 할 수 있는 것이
환자에게는 진통제 밖에 해줄 것이 없는데
이것만으로는 진통을 잡기엔 부족합니다
그러니 호스피스 병동으로 가는 것이
환자를 위해서 났습니다.

'네 그렇군요. 하고 병실로 들어왔다
일단 말을 해야 하는데 말을 할 수가 없다
자꾸 나를 바라본다
무슨 말을 했는지가 궁금해서인 것 같다
의사가 보자고 하면 몹시 불안해한다
난 끝내 말을 하지 못했다
어떻게 해야 하나 고민스럽다
이런저런 생각 때문에
온종일 답답하고 머리가 아프다

그곳에 들어갈 때에는
포기하라는 말인데 어떻게 그래
함께한 세월 내려놓는다는 것이
갈기갈기 살을 찢어 난도질하는
통증을 어찌 알겠는가
정말 못 견디겠다
보고 있자니 너무 힘들고 아려서…….

간병일기. 8
언어로 수를 놓다-68

아무것도 먹지 못한다
이젠 준비를 해야겠다
교회에가 연락을 취했다
오셔서 예배 드려주십사 하고 부탁을 했다
많은 분이 오셔어 예배를 드리니
마음이 한결 편안해 진 것 같다
고맙다고 인사도 한다
가장 사모하신 원로 목사님이 안 오셔서
아쉬워했지만. 40일 작정 기도 중이어서
못 오셨지만 끝나자마자
오신다는 약속을 해주셨다
매일 아침 새벽예배 끝 맞히고 몇 분들은 오셔서
구원에 관하여 천국 복음을 들려주셨다
그리고 오실만한 분들에게 연락을 취하여
한 번 오셨다. 가시라고 전화를 드렸더니
직감을 한듯하다 부모 형제 동료 그리고 친구들
며칠 동안 많은 분이 오셨다 가셨고
어머님 시동생들도 오신다기에
은행에 가서 3백만 원을 찾아다 봉투에
돈을 넣어 두고
당신이 어머니랑 삼촌이랑
우리 아이들에게 용돈을 주면 좋겠어
했더니 무척 좋아했다.

간병일기. 9
언어로 수를 놓다-69

변을 잘 보지 못해 몹시 괴로워한다
24시간 중 절반은 화장실에 있다고 보면 될 것이다
한 시간 간격으로 밖 화장실을 독점하고 있다
병실에서는 길게 있을 수가 없으니 여러 환자가
사용해야 하는 곳이라서 아예 밖으로 나간다

기저귀를 채워 주지만 정신력으로 버텨낸다
같이 들어가 변기에 앉혀 주고 30분에서
1시간을 기다린다. 그래도 소용이 없다
본인은 변기에 난 휠체어에 앉아 있다

난 조심스럽게 입을 열었다
여보 꼭 말을 해야 할 것 같아서 우리 둘 시간이
얼마 안 남았어
그러니 미움이나 섭섭함이나
모두 지워버리자

좋은 것만 생각하고 사과할 것 하고 용서할 것 하고
그리고 온 힘을 다해요
얼마나 살 수 있다고 하던가
약 2.3주 정도라 하네요

서로 더는 말을 잇지 못했다

간병일기. 10
언어로 수를 놓다-70

나를 빤히 쳐다본다
그리고 말을 한다
여보 나 힘들어 죽겠어
같이 가자 당신 두고 가기 싫어

왜 마음에 걸려서 그래?

난 좀 더 살다가 갈게요
늦둥이도 있고 할 일도 남아 있으니
아직 못 가요
했더니 몹시 섭섭한 모양이다.

한참 동안 아무 말 하지 않고 있다
눈치가 보인다
생각하니 너무 미안하고
계속 마음에 쓰인다

차라리 알았어 할 걸 왜 그렇게 못 했나
그 말이 머리에서 떠나지가 않는다

어릴 적 사랑한 번 받아보지 못한 남편은
결혼하여 사랑을 퍼붓기 시작했다
날이 갈수록 사랑이 변하여 집착이 되었고
사랑이란 이름으로 때론 참 버거웠던
지난날의 삶이 주마등처럼 스쳐 지나간다

지금 이 순간에도 보듬어 주지 못한
아쉬움과 후회가 밀려온다

간병일기. 11
언어로 수를 놓다-71

봄이 지나고 여름을 병원에서
맞이하게 되었다

시간은 이렇게 흐르는구나
날이 갈수록 어둠이 밀려오는 것을 느낀다
관장하기 위해 세팅준비를 맞히고
의사 선생님을 불렀다

호수를 넣어주고
10분에서 15분 정도 있다가 빼라고 했다
몹시 힘들어하지만 시선을 외면하고
끝까지 시간을 채웠다
먹은 것이 없으니 고스란히 약물만 쏟아졌다

우린 하루하루를 이렇게 보내고 있다
병실 안에서는 웃음을 볼 수가 없다

다 같은 암 환자와 보호자들은
걱정과 근심으로 찌들어 있다

아이들이 먹을 것을 사들고 와서
먹으라 하지만 입맛이 없다
그냥 잠이나 한숨 자고 왔으면 좋겠다

간병일기. 12
언어로 수를 놓다-72

호스피스 병동으로 들어가는 날
만감이 교차하고 참담하다

아 ~ 이별이 가까웠구나.
어떻게 하면 가장 편하게 보내 주어야 하나

죽음의 두려움이 생기지 않도록 하는 것이
내가 할 수 있는 마지막 배려다라는 생각이 든다
기도하며 성경 말씀과 찬양으로 마음을 달래가며
온 정성을 쏟는 일밖에 없다
여기 병동에 와 보니 의사 선생님의 표정부터 다르다
아주 친절하고 걱정해 주고 도움이 될 것이 없나
살피고 간호사 선생님들에게 불편하지 않도록 해드리세요
부탁하고 자리를 떠났다

며칠이 될지 모르지만 가지고 온 짐을 정리해 놓고
미리 알아둘 일이 없나 이곳저곳에 다녀 봤다

여기는 봉사하신 분들이 많이 계셔서
도움을 주신다고 한다

말하자면 목욕이나 머리 감기
보호자 식사도 봉사한다고 한다
여기저기 붙어 있는 문구들이 눈에 들어온다
도움이 되게 하기 위한 목적 같다

나 역시 무엇이라도 위로받고 싶은 심정이다
지푸라기라도 옆에 있으면 잡고 싶다

간병일기. 13
언어로 수를 놓다-73

아무 말도 못 하고 표정도 없다.
까만 눈동자는 위로 올라가고
흰자만 초점 없이 떠 있을 뿐이다
아는 사람이 찾아 오면 안간힘을 써
알겠다는 듯 눈을 깜박여 준다
무슨 말인지 도무지 알아들을 수가 없다

귀를 입에다 되고 들으려 했으나
아무것도 들리지가 않는다
모두 안타까워 뒤돌아서서
눈물만 훔치고 있다
한참 동안 침묵이 흐르고 옆에 있던
내가 입을 열었다
찾아와 주셔서 고맙다고 하나 봐요

그리고 밖 휴게실 의자에 앉아서
얘기 좀 하다가 돌려보내고
욕창이 생길까 봐 몸을 한쪽으로 돌려 눕히고
수건을 빨아다가 얼굴과 온몸을 닦아주고
여보 시원하지.? 내가 누구야
물으면 무의식중에도 다른 사람은
못 알아봐도 정확히 내 이름을 말한다

간병일기. 14
언어로 수를 놓다-74

의사 선생님께서 말을 건넨다
여기가 어디지요?
행정 학교

그럼 내가 누구지요?
몰라
이젠 병원도 기억을 못 하고 있다

왜 행정 학교는 기억하고 있을까
생각해 보니 문산 파주 쪽에 파견 가서
근무한 적이 있었는데 그곳에 학교가
있었던 거 같다

가장 행복한 시간을 기억 하나보다
멈춰 버린 것을 보면 그런 생각이 든다
다행히도 함께 삶을 같이했다고
아내인 나를 기억하고 이름을 부르고
안아 달라고 팔을 벌린다
그리고 입을 벌리고 뽀뽀하자고 한다
이별의 인사를 이렇게 하나보다
말할 힘조차 없지만
내 이름을 지금도 부르고 있다
무의식중이라는 것을 난 알고 있다.

간병일기. 15
언어로 수를 놓다-75

참 이상하다.
남편이 남편으로 보이지 않고
어린아이로 바라보게 된다

대변을 봐도 소변을 봐도
바라보는 모습도 어린아이가
잠자려고 누워 있는 것 같다

얼굴이 밝아 보인다.

이제 고통도 없나 보다.
숨만 쉬고 아무 반응이 없으나
편안한 듯 누워 있다

조용히 손을 잡았다.

간병일기. 16
언어로 수를 놓다-76

고마워요. 여보
당신과 내가 산 세월
헛되지 않게 해줘서요

다시는 오지 않을
여행길 앞두고 내 얼굴
감싸며 당신 만나 좋았어
정말 사랑했어 고마워

아 ~ 한순간의 그 수많이
흘린 눈물 녹네요

나 역시 진심으로 사랑한다고
말할 수 있는 기회 줘서
얼마나 다행인지
다시 한번 사랑한다고 말할게요

이렇게 우리는
이별연습을 하고 있습니다.

간병일기. 17
언어로 수를 놓다-77

아이들과 함께 병원에서
며칠을 보내고 있다

시간은 왜 이렇게도 잘 가는지
마음이 점점 초조해진다
오늘 넘기기 어렵겠어요

호스피스 병원 간호사 선생님들도
반 의사가 다된 것 같다
많은 환자 임종을 본 터라
바로 직감을 한 모양이다

손과 발 온몸이 털리지만
태연한척하고 있지만
진정이 안돼
안절부절 불안하기만 했다

저녁이 됐다
잠깐 아이들과
휴게실에 가서 얘기 나누고 있는데
간호사가 급하게 부른다

빨리 들어오세요
가실 것 같아요

간호사의 움직임이 빨라졌다
누워있는 침대를 임종실로 옮겨 주었다
난 아빠에게 인사하라고
아이들에게 말했다

돌아가면서 인사를 하며 걱정하지 말고 가세요
열심히 살게요.
아이들은 엄마도 잘 모실게요
일요일 저녁 9시 20분에
그렇게 우린 찬송가를 부르며
아빠를 편히 보내드렸다

또 하나의 나. 울음강에 희망의 돛을 올리다.
언어로 수를 놓다-78

세월이랴
바람이랴
찾아 나섰던 길 그리 멀었던가

가슴 후벼파고 달아나버린 아픔 한 조각
내 구둣굽 사이에 이리도 머물러
가시로 찔려와

비집고
엉버티며 가야지
쓰러지지는 말아야지
비틀거리는 이 텅 빈 가슴
끝내 버틸 수는 없는 걸까

다시
또 다시 고독의 문안으로 들어서라는

고독했기에
찾아 나섰던 길이
허망길 허무의 문으로
끝나리라는

'차마 그럴 수는 없어'

헝클어진 머리칼 흔드는 내 안에 또 다른 나
벌어진 내 시간의 틈 사이로
또 하나의 나를 보아라

바람 가르는 내 안에
또 하나의 아우성을 보아라

이향임 시인 〈언어로 수를 놓다〉 연작시

21세기 현대인의 삶의 상처를 꿰매는 치유의 언어

- 삶의 무늬 '언어로 수를 놓다'

전형철 시인, 문학평론가

21세기 현대인의 삶의 상처를 꿰매는 치유의 언어

- 삶의 무늬 '언어로 수를 놓다'

전형철 시인. 문학평론가

동양철학자 도올 김용옥은 〈21세기와 노자〉라는 강연에서 21세기 우리 인류가 풀어나가야 할 과제로 크게 네 가지를 들었다. 첫째는 자연과 인간과의 화해, 둘째는 인간과 인간 사이의 화해, 셋째는 종교와 종교 간의 화해, 넷째는 지식과 사회와의 화해이다.

화해가 21세기 초 현대인의 삶에 중심 화두로 떠오르는 이유는 무엇보다도 인터넷 등 디지털문화가 전 세계적으로 확산됨에 따라서 지구촌화가 급격히 진행되고 그에 따라서 서로 간에 교류와 충돌이 빈번해진 데에서 한 원인을 찾을 수 있다.

다양한 문명과 생활방식, 종교들 간에 갈등의 골이 깊어지면서 서로에게 상처를 주게 되고, 그 상처로 인한 분노와 증오가 인류사회와 지구촌 생태계 전체를 위협하고 있기 때문이다.

상처를 꿰매는 치유의 언어를 활용해서 삶과 인생, 대자연을 회생시켜 나가는 작업을 해나가고 있는 이향임 시인의 연작시 〈언어로 수를 놓다〉가 21세기 초라는 현시점에서, 문명사적인 측면에서 주목되는 이유는 이 때문이라 하겠다.

필자는 이러한 관점에서 연작시를 분석하면서 우리의 삶과 문명, 그리고 대자연이 치유와 생성으로 나아가는 길을 가늠해 보고자 한다.

우리는 21세기 문명의 시대를 살고 있다. 문명은 풀꽃 나무 짐승들과 함께 어울어 살던 인간이 인간들만의 공간, 곧 마을을 독립적으로 만들고 그 속에서 불을 피우고 언어를 사용하면서 인간만의 독창적인 삶을 살아가게 되면서 형성된다. 약 오만 년 전부터로 추정되고 있다.

이러한 인간만의 독립적인 삶의 방법이 지구촌 전체에 심각한 영향을 미치게 된 것은 최근 100년 사이의 일이다. 문명이 급속히 발달하고 인구가 증가함에 따라서 지구촌의 자원들을 훼손하고 고갈시키게 된다. 이로 인해서 만년설이 녹고 바다 수온이 상승하는 등 지구촌 전체의 생태계가 위협을 받고 있다. 그러나 미국을 선두로 한 인간의 에너지 사용량의 증대는 더욱 가속도가 붙고 있고 거대한 인구를 가진 중국인들이 이를 뒤쫓고 있다. 세계인들이 이 대열에 서로 앞다투어

가세하면서 지구촌의 다른 생명들과 자원들을 무차별 파헤치고 훼손시키고 있다.

이러한 소비적인 삶이 지구촌에 내놓은 상처로 인한 지구어머니의 신음은 바다의 거센 파도가 되어 쓰나미로 인간들의 문명을 덮치기도 하고 예기치 못한 이상기온으로, 가뭄으로 사람들에게 고통을 주기도 한다.

21세기 문명사회가 지구어머니에게 입히는 고통이 감당해낼 수 없을 만큼 커짐에 따라서 지구어머니도 인간에게 상처를 입히게 되는 것이다. 인간과 자연이 서로에게 상처를 입히고 있는 셈이다.

인간과 인간들 사이에 부딪기며 살아가는 사회 속에서도 상처는 깊어지고 있다. 급격한 문명의 소용돌이에 휩쓸려 하루하루를 살아가는 사람들은 저마다 가슴에 멍이 들어가면서도 그것을 들여다볼 겨를도 없이 초조하게 생존의 더듬이를 곤두세우면서 살아가고 있다.

찔리지 않아야 하리
뼈아픈 바느질에도
쇠가죽 철가슴에도 부러지지 않아야 하리

이 얼룩진 삶의 실타래 풀어
한 땀 한 땀 새겨가는 나날

눈서리 덮여 오는 이 삶의 옷자락

한 땀 한 땀 새겨갈 때마다 스며드는 땀방울
방울방울마다 눈물로 얼룩얼룩 수 놓아라

갈팡질팡 비틀거리고
뒤척여가는 이 바늘자국의 생

가면
가면
언제랴

석양 수평선 위에 엉버티고 서서
노을구름에 한 뜸 한 뜸
이 핏빛 가슴
환한 해덩어리로 새겨놓는 날
"언어로 수를 놓다-1. 노을 구름에 한 뜸 한 뜸 새겨가면" 전문

하루하루의 삶은 바느질로 나타난다. 하얀 천 위에 한 뜸 한 뜸 바느질을 하는 상황은 한 자 한 자 백지 위에 써내려가는 시인의 시 창작 현장을 떠올리게도 한다. 삶의 고단함과 아픔 슬픔, 삶의 질곡들을 한 뜸 한 뜸 새겨나간다.

"찔리지 않아야 하리/ 뼈아픈 바느질에도/ 쇠가죽 철가슴에도 부러지지 않아야 하리" 스스로에게 다짐시키면서 추스르는 몫짓에 삶은 더 압박해오기만 한다. "눈서리 덮여 오는 이 삶의 옷자락/ 한 땀 한 땀 새겨갈 때마다 스며드는 땀방울

/ 방울방물마다 눈물로 얼룩얼룩 수 놓아라// 갈팡질팡 비틀거리고/ 뒤척여가는 이 바늘자국의 생"

현대를 살아가는 일반인들의 상처 받은 삶을 들여다보게 하는 〈연작시-1〉은 〈연작시-2〉로 전개되면서 생로병사라는 한 생명으로서 거쳐야 하는 생의 근원적인 고통과 상처로 구체화된다.

내 웅크린 책상에서
방바닥으로 뻗어나가는 삶의 줄기들

잔가지를 뻗으며 방바닥을 넘어 현관으로 뻗어나가
대문을 지나 골목으로 뻗어가라
큰길로 빌딩으로 전철로 스며들며
뻗어나가는 내 삶의 잔뿌리들

세월의 줄기에 주렁주렁 포도알마냥 맺혀
웅송거리는 생의 언어들이여

저 시간 위에 새겨가는 내 삶의 잔뿌리들
얼마나 세월에 낡아가고 말라비틀어져 잘려나갔으랴
나갔으랴만
돌아보면 저리도 가뭇없이 늘어뜨려졌어라

이 순간 순간에도

마디마디 잔뿌리를 뻗어나가는
멈출 수 없는 삶의 뿌리들이여

끝내는
낡아가고 잘라져
잘라내야 하리
내 스스로마저

"언어로 수를 놓다-2. 세월 줄기에 주렁주렁 포도알마냥 웅성여라" 전문

인간의 근원적인 고통과 상처를 들여다보고 있다. 시간이라는 흐름 속에서 생명들은 예외 없이 생로병사의 과정을 겪게 된다.

"저 시간 위에 새겨가는 내 삶의 잔뿌리들' 얼마나 세월에 낡아가고 말라비틀더져 잘려나갔으랴/ 나갔으랴만/ 돌아보면 저리도 가뭇없이 늘어뜨려졌어라" 이와 같이 시간의 흐름 속에서 내렸던 삶의 굵은 줄기와 잔뿌리들은 한 때 무성한 잎을 달면서 뻗어나가기도 하지만 끝내는 말라비틀어지고 떨어져 나가기도 한다. 이러한 소멸의 과정은 인간에게 근원적인 절망감과 절대적인 고독감을 안겨준다.

"끝내는/ 낡아가고 잘라져/ 잘라내야 하리/ 내 스스로마저"

끝내는 제 스스로마저 잘라내야 하는 과정은 절대적인 허무감의 표현이기도 하다. 출구를 찾을 수 없는 생의 허무감 속에서 시인은 어떤 등불을 켤 수 있을까.

죽음으로 끝나는 생의 근원적인 절망감 앞에서 시인은 삶의 잔뿌리에 드문드문 약하지만 정겨운 빛등불들을 발견하게 된다. 상처입은 생의 발자취, 발자국, 추억들은 아름슬픈 그리움으로 다가온다.

석류알 웅송이는 빠알간 석양
흘러내리는 노을 핏물
바다에는 핏빛 물들어라

핏빛 고요의 바다 수평선으로
미끄러지듯 달리는
저 보랏빛 기차를 보아라

스치는 창문 칸칸 마다 스치듯 앉아 있는
내 유년의 아이
청춘의 골목길 서성이던 내 스물여덟 살
뒤척이는 발길, 눈빛들

아!
얼마나 초조히 휘달려 왔던가
이 가쁜 생

언제나

노을 수평선 저만치
먼 과거 속으로만 휘달려 가는 삶

언뜻 언뜻 머언 손 흔드는
아린 얼굴들이여

"언어로 수를 놓다-3. 수평선 위 휘달리는 세월 기차여" 전문

지나온 삶의 줄기들이, 잔뿌리가 말라 비틀려지고 떨어져 나가는 속에서도 "스치는 창문 칸칸 마다 스치듯 앉아 있는/ 내 유년의 아이/ 청춘의 골목길 서성이던 내 스물여덟 살/ 뒤척이는 발길, 눈빛들"이 보인다.

노을 수평선 저만치 먼 과거 속으로만 휘달려 가는 삶, 그런 삶의 칸칸에서 언뜻 언뜻 머언 손 흔드는 아린 얼굴들이 보랏빛 아득한 등불로 다가온다.

"얼마나 초조히 휘달려 왔던가/ 이 가쁜 생"에서 도시 속을 서성이는 시인의 모습이 드러난다.

시인이 살아온 20세기 후반과 현재의 21세기 초는 그야말로 문명의 격변시대다. 특히 스마트폰으로 대표되는 지능형 테크놀로지의 발달은 현대인들을 너나 나나 할 것 없이 디지털 사이버 환경 속으로 내몰고 있다. 끊임없이 이미지들이 몰려오고 빠르게 휩쓸려 뇌리속을 빠져나간다. 지난 삶의 결속을 들춰볼 겨를도 없이 앞을 향해서 떠밀려간다.

그러나 삶의 수레바퀴가 잠시 멈추는 어느 순간 떠밀리고 먼지 쌓인 채 묻혀져 있던 상처가 갑자기 수면 위로 떠오르면서 섬세한 가시가 되어 가슴을 찔러온다.

알랴
저리 겹겹 내려오는 수천 눈송이들
한때는 하늘로 오르는 내 하얀 슬픔이었음을

땅 우에
떠돌아 떠돌아
하얗게 멍들고 야위어
아련아련 하늘로 오르는 내 말들이었음을

알랴
소리없이 내려와
온 땅을 덮고도
녹아지며 눈물로 눈물로 스미어

그대 앞 뜨락에
그대 가는 발길에 샘물로 솟아나 흘러도

알랴
그대는 이 끊일 수 없는 물의 마음을 알랴

"언어로 수를 놓다 -4. 물의 말 물의 마음" 전문

연작시 2편에서 '잔뿌리가 너덜너덜한 줄기'로 나타났던 삶의 발자취는 연작시 3편에 이르면서 '수평선 위를 달리는 세월의 기차'로 이미지화된다. 그리고 연작시 4편에 이르면서 '물의 이미지'로 확대된다.

화자 마음의 섬세한 결이 물의 다양한 모양과 흐름으로 형상화되고 있다. 물은 눈송이로 눈물로 샘물로 제 모양새를 바꿔가면서도 한결같이 그대를 감싸고 돌며 흐른다. 여기서 그대는 님일 수도 있고 자기 자신일 수도 있고 자신의 지나온 삶일 수도 있다. 화자는 그대와 소통될 수 없는 외로움과 한을 물을 통해서 표현해내고 있다.

"그대 앞 뜨락에/ 그대 가는 발길에 샘물로 솟아나 흘러도/ 알랴/ 그대는 이 끊일 수 없는 물의 마음을 알랴"고 하소연을 하고 있다.

썰물처럼 가슴을 밀고 빠져나가 버린 그대로 표현되는 삶의 자취들이 빈 가슴에 남기고 있는 것은 허망감과 쓸쓸함이 뒤섞인 아릿한 상처이다. 이러한 상처의 삶은 구치소에 갇힌 가슴으로 구체화되고 드라마화된다.

성동구치소
가파른 담벼락에도 낙엽은 내려라

생의 가파른 담벼락에 부딪어
깨지고 금가고 흩날려진 삶들 보듬은 저 구치소 담벼락

담벼락 미끄러져 내려
구치소 길바닥에 휘뒹구르는 이파리마다
기인 한여름 내내
얼마나 쓰라린 사연, 눈물들, 핏빛 말들 얼룩졌으랴

새순 돋아내는 거름이 되리라
차디찬 바람에 부지런히 뒹구르는 낙엽들

제 잎 다 떨구고
가지만으로 한겨울 버텨내는 저 생명나무들
구치소 담벼락 안에
꽃봉오리마냥 웅크려 새 삶의 더듬이를 뒤척이는
푸른 사람들

휘영청
보름달
구치소 담벼락에는 달빛 쏟아져라

"언어로 수를 놓다-5. 구치소 담벼락에는 달빛 쏟아져라" 전문

"생의 가파른 담벼락에 부딪어/ 깨지고 금가고 흩날려진 삶들 보듬은 저 구치소 담벼락"에서 보여지는 구치소 안은 상처 받은 삶들이 한데 집약적으로 모여 있는 곳이라고 할 수 있다. 세상에 상처와 상처를 입힌 죄, 원망들이 뒤엉켜진 채로 그야말로 상처의 늪을 이루고 있다.

이러한 상처의 늪은 바로 화자의 가슴속의 내면 풍경이기도 하다. 그런 속에 한줄기 등불을 켜는 안쓰러운 시선으로 그 내면을 들여다보게 된다.

측은지심은 "담벼락 미끄러져 내려/ 구치소 길바닥에 휘뒹구르는 이파리마다/ 기인 한여름 내내/ 얼마나 쓰라린 사연, 눈물들, 핏빛 말들 얼룩졌으랴"라는 심상을 빚어낸다. 그리고 그 아픔과 절망과 눈물은 가슴에서 희망의 샘물로 되솟아오른다. 구치소 안에 깨어지고 금간 가슴들이 꽃봉오리마냥 웅크려 새 삶의 더듬이를 뒤척이는 것처럼 화자는 자신의 내면에 고요의 명상을 드리운다.

휘영청 보름달 구치소 담벼락에 쏟아지는 달빛은 희망을 향해서 고개를 쳐드는 화자의 시선이기도 하다. 웅크렸던 가슴, 오므렸던 손을 펴서 스스로의 상처를 치유하려는 몸짓을 시작한다.

하얀 하얀
나려오는 눈발이라 하랴

고요의 벌판에 누으면
내 가슴에 내려와 덮여오는 저 머언

빛살 빛살
나려와 만져오는 햇빛살이라 하랴

가뭇없이
이 빈 가슴 가만가만 만져오네

가슴 안에서는
살갗 밖으로 번져나오는 검푸른
겹겹 가슴을 덮으며
허리로 목으로 다리로 팔로 번져가는

온몸 검푸른 절망을
고요히 만져오는
저 하얀 하얀 머언 손길
나려오는 눈발이라 하랴
천년 휘달려와 내 가슴에 부서지는 햇빛살
어느 빛슬픈 가슴이라 하랴

"언어로 수를 놓다-6. 빛슬픔은 가슴에 나려라" 전문

"하얀 하얀/ 나려오는 눈발이라 하랴// 고요의 벌판에 누으면/ 내 가슴에 내려와 덮여오는 저 머언// 빛살 빛살/ 나려와 만져오는 햇빛살이라 하랴// 가뭇없이/ 이 빈 가슴 가만가만 만져오네"

눈발, 햇빛살이 빈 가슴을 가만가만 만져온다. 온몸 검푸른 절망을 고요히 만져오는 하얀 머언 손길들이 느껴진다. 사람의 가슴에 상처를 치유하는 힘이 자연에서 오고 있음을 볼 수 있다.

우리의 몸과 마음은 흙 · 물 · 바람 · 공기들이 서로 모여서 이뤄낸 것이다. 그것들이 서로의 인연을 다하면 다시 인연 따라서 흙으로 물로 바람으로 공기로 되돌아가게 된다. 그리고 또 흩어지고 모이면서 꽃을 빚어내기도 하고 구름을 돌을 빚어내기도 한다.

넓게 보면 자연 일체만물이 하나로 한덩어리로 그중에 어느 하나를 떼어낼 수 없을 정도로 얽히고 설혀서 운행된다. 그런 대자연 삼라만상의 운행 속에서 자꾸 떨어져나와 나름대로 독립적인 삶의 수레바퀴를 굴리려하는 인간의 몸짓이 바로 문명이라고 할 수 있다.

풀숲이나 동굴 다른 짐승들로부터 스스로를 격리한 채 콘크리트 건물로 빌딩으로 지하철로 자신들만의 공간을 구축하고 그 속에서 살아가고 있다. 도시화가 진행되고 첨단화되어 갈수록 인간은 더욱더 스스로를 자연순환으로부터 격리시킨다. 그러나 사람의 몸과 마음은 원시시대와 거의 달라진 것이 없다.

첨단문명 속의 삶에서 받은 상처는 그래서 자연에서 치유를 받을 수밖에 없다.

화자는 자연의 말, 바람의 말에 귀를 기울인다.

바람의 뼈를 보았는가

바람의 집
바람의 손
바람의 가슴

바람의 그 깊고 투명한 눈을 보았는가

붙잡지 마라

흔들 이파리 하나
이파리 하나 흔들려주지 않는 사막 벌판
흔적없는 바람이라 한들

한바탕 휘몰아쳐
흙바람 흙구름 분탕질쳐 휘돌아 오르는
사나운 바람이라 한들

하릴없이 무너지는
허망의 몸짓
허무의 뼈 시리게 스며 오는
바람의 뒷모습

바람의 뒷모습이
야윈 허깨비로 흔들려가는 내 삶이라 한들

"언어로 수를 놓다 -7. 바람길 바람의 뒷모습" 전문

노자의 〈도덕경〉에서 보여주는 인생관이 드러나고 있다. 비우고 내려놓는 삶, 초연한 삶의 자세가 현대인의 삶에서 소중한 이유는 현재의 삶이 브레이크 없는 고속열차처럼 앞을 향해서만 치달리고 있기 때문이다. 그 결말이 파국으로 끝날 것임을 예감하면서도 현대인의 삶은 더욱 가속도를 붙이면서 달려갈 뿐이다.

그런 과정에서 개개인들은 진정한 삶의 가치와 기쁨을 누리지 못한 채 떠밀려가기도 하고 서로 서로를 더욱 각박하게 옥죄면서 고독감 속에서 살아가게 된다. 이런 개개인들의 삶이 모여서 이루어진 인류사회는 자연고갈과 환경 이변을 낳고 있다.

이대로 가면 몇십 년이 안되어서 인류가 파국에 치달을 수밖에 없다는 예견을 미래학자들이 내놓기도 한다. 그러나 그 브레이크를 잡아서 속도를 늦추는 일은 쉽지 않아 보인다.

이제까지의 삶의 방식이 근본적으로 바뀌어야 한다. 소비지향적인 삶에서 풀려나 자연을 소중히 하고 함께 공생하는 삶 쪽을 지향해야 한다.

이향임 시인의 〈언어로 수를 놓다〉 시리즈가 주목되는 점은 그에 대한 정신적인 대안을 모색하고 제시해 나가려 한다는 점에 있다.

대자연의 생명적인 삶의 방식에서 벗어나 스스로 고립과 파멸을 자초해가고 있는 사람들의 가슴에 이미 깊게 패여 있는 상처들을 치유해온 본 연작시리즈가 깊이를 더하면서 사람들에 의해서 상처받은 대자연을 치유함으로써 21세기 인류의 삶이 대자연 우주와 공생하는 쪽으로 나가는데 사상적인 원동력이 될 수 있기를 바란다.

울음강에
희망의 돛을 올리고

인쇄 2013년 3월 5일
초판 1쇄 발행 2013년 3월 8일
지은이 이향임
펴낸이 전형철
편집 모던포엠
웹디자인 김태완
펴낸곳 모던포엠 출판부 도서출판 **채운재**
후원 월간 모던포엠, 세계모던포엠작가회
주소 서울 중구 초동 155-1 덕양빌딩 505호
전화 02-704-3301
팩스 02-2268-3910
손전화 010-9184-5223
이메일 mopo64@hanmail.net
정가 10,000원